AF360416

DISPUTE

DES ARMES

D'ACHILLE,

Tirée du XIII. Livre des Métamorph. d'Ovide.

TRADUCTION EN VERS.

Surgis tu pallidus Ajax. JUVENAL Satyre VII.

A PARIS,

Chez PIERRE-ALEXANDRE LE PRIEUR, Imprimeur
du Roi, rue S. Jacques, à la Croix d'Or.

M. DCC. LI.

AVEC PERMISSION.

A MONSEIGNEUR
LE DAUPHIN.

ONSEIGNEUR,

Le Jugement des Armes d'Achille
offre le spectacle d'une cause plaidée par

deux Rois, devant un Sénat de Souverains. Le tableau de ce fameux évenement a été transmis à la Postérité par un des plus grands Peintres du siécle d'Auguste. Si la Copie conservoit quelques traits de l'Original, cet hommage ne seroit pas indigne d'un Prince que l'amour de la gloire, puisé dans son Sang, n'a point ravi au goût des Lettres & des beaux Arts. Que ne puis-je ici, MONSEIGNEUR, en élevant ma voix, me rendre l'interprète de la renommée, & publier les merveilles d'un Régne qui vous a vu naître, pour augmenter notre bonheur, & assurer celui de nos Descendans?

Je suis avec le plus profond respect,

MONSEIGNEUR,

Votre très-humble & très-obéissant Serviteur,
COGOLIN.

DISPUTE

DES ARMES

D'ACHILLE.

AJAX ET ULYSSES

DE ACHILLIS ARMIS

CERTANT.

Ovid. Metamorphof. Lib. XIII.

AJACIS ORATIO.

*Onfedere duces, & vulgi ftante coro-*
na,
Surgit ad hos clypei dominus feptem-
plicis Ajax :
Utque erat impatiens iræ, Sigeïa torvo
Littora refpexit, claffemque in littore, vultu :
Intendenfque manus : Agimus, pró Jupiter,
inquit,
Ante rates caufam, & mecum confertur Ulyf-
fes !

TRADUCTION

DE LA DISPUTE DES ARMES

D'ACHILLE.

Ovid. Liv. XIII. des Métamorph.

HARANGUE D'AJAX.

Es Chefs prennent leur place, &
    l'épaisse Phalange
Vient en foule autour d'eux, forme
    un cercle & se range.
Armé d'un bouclier de sept peaux revêtu,
Ajax, que fait pâlir sa feroce vertu,
Cédant aux noirs accès de son ame outragée,
Lance un affreux regard sur le port de Sigée,
Voit la flotte, & les bras élevés vers les Cieux,
Il exhale en ces mots ses transports furieux :
Quoi, devant ces vaisseaux, sauvés par ma
    vaillance,
Ulysse ose d'Ajax briguer la récompense !-

A ij

At non Hectoreis dubitavit cedere flammis,
Quas ego sustinui, quas hac à classe fugavi.
Tutius est igitur fictis contendere verbis,
Quam pugnare manu: sed nec mihi dicere promp-
     tum,
Nec facere est isti; quamtumque ego Marte fe-
     roci,
Inque acie valeo, tantum valet iste loquendo:
Nec memoranda tamen vobis mea facta, Pelasgi,
Esse reor; vidistis enim: sua narret Ulysses,
Quæ sine teste gerit, quorum nox conscia sola
     est.
Præmia magna peti fateor; sed demit honorem
Æmulus Ajaci; non est tenuisse superbum,
Sit licet hoc ingens, quicquid speravit Ulysses.
Iste tulit pretium jam nunc certaminis hujus,
Quòd, cum victus erit, mecum certasse feretur.
Atque ego, si virtus in me dubitabilis esset,
Nobilitate potens essem, Telamone creatus,
Mœnia qui forti Trojana sub Hercule cepit,
Littoraque intravit Pagasœâ Çolcha carinâ.
Æacus huic pater est, qui jura silentibus umbris
Reddit, ubi Æoliden saxum grave Sisyphon
     urget.
Æacon agnoscit summus, prolemque fatetur
Jupiter esse suam: sic à Jove tertius Ajax.

ULYSSE qu'on a vû fuir loin de ces vaisseaux,
Lorsqu'Hector les venoit embraser sur les
    eaux,
Et qu'AJAX des Troyens repoussant la furie,
Mettoit en fuite Hector & sauvoit la patrie.
Mon rival plus prudent, trouve moins de danger,
A haranguer les Grecs, qu'AJAX à les venger.
Mais si de l'éloquence ULYSSE a l'avantage,
Je lui cede en discours, qu'il me cede en cou-
    rage.
A quoi bon rappeller les périls, les exploits,
Où mon zéle pour vous m'engagea tant de fois?
C'est à vos yeux qu'AJAX remporta la victoire.
ULYSSE, la nuit seule est témoin de ta gloire.
Je l'avoûrai; le prix que je demande est grand :
Mais ce prix s'avilit par un tel Concurrent.
Toute noble qu'elle est, la palme est moins
    brillante
Dès que de la cueillir il a conçu l'attente :
Et quand la Grece à moi l'aura vû comparé,
ULYSSE, en me cedant, sera trop honoré.
Mais sans me prévaloir des droits de ma vail-
    lance,
Ne me suffit-il pas de ceux de ma naissance ?
Mon pere est Telamon, on a vû ce Héros
Suivre Hercule en Phrygie, & Jason à Colchos.
Je descens d'Æacus qui fait trembler les Ombres,
Arbitre de leur sort dans ces Royaumes sombres,
Où l'infâme Sisyphe expiant ses forfaits,
Roule envain son rocher, & gémit sous le faix.
De Jupiter, Æaque a pris son origine ;
Et par ces trois degrés ma naissance est divine :

A iij

Nec tamen hæc series in causâ prosit ; Achivi,
Si mihi cum magno non est communis Achille.
Frater erat, fraterna peto. Quid sanguine cretus
Sisyphio, furtisque & fraude simillimus illi,
Inseris Æacidis alienæ nomina gentis ?

AN quod in arma prior, nulloque sub indice
    veni,
Arma neganda mihi ? Potiorque videbitur illis,
Ultima qui cepit, detractavitque furore
Militiam ficto : donec solertior isto,
Et sibi inutilior, timidi commenta retexit
Naupliades animi, vitataque traxit ad arma.
Optima nunc sumat, qui sumere noluit ulla :
Nos inhonorati, & donis patruelibus orbi,
Obtulimus quia nos ad prima pericula, simus !
Atque utinam aut verus furor ille, aut creditus
    esset,
Nec comes hic Phrygias unquam venisset ad
    arces
Hortator scelerum ! Non te, Pœantia proles,
Expositum Lemnos nostro cum crimine haberet :
Qui nunc, ut memorant, sylvestribus abditus
    antris,

Mais je ne fuis jaloux de defcendre des Dieux
Qu'autant qu'Achille & moi les avons pour
    ayeux.
De fon fang & du mien l'union glorieufe
Flatte d'un prix fi beau mon ame ambitieufe.
Petit fils d'un Brigand aux larcins aguerri,
Digne d'un fang impur, dans fa fource flétri,
Te verrions-nous enter fur la tige Eacide,
Les rejettons obfcurs de la fouche Eolide!

N'Eft-ce donc pas à moi qu'eft dû ce Bouclier?
Moi, qu'on a vû combattre, & vaincre le pre-
    mier.
Tandis que mon rival, l'ame d'effroi faifie,
Pour mieux fuir le combat, feignoit la phrénefie:
Jufqu'à ce qu'un guerrier, devenu votre appui,
Plus habile en effet, mais moins heureux que lui,
Par un piège innocent, dévoila fa baffeffe,
Et l'amena tremblant au fecours de la Grece.
Des armes d'un Héros verrions-nous revêtu,
Celui, qui de s'armer n'eut jamais la vertu?
Et moi qui le premier fignalai mon courage,
Je me verrois fruftré de ce jufte héritage!
Ah! plût au ciel Qu'ULYSSE encor loin de ces
    lieux,
Éprouvât, ou feignît un tranfport furieux!
Philotecte à Lemnos innocente victime,
Tu n'aurois point aux Grecs à reprocher fon
    crime.
Tes plaintes, tes tourmens, & tes lugubres cris,
Ne feroient point gémir les rochers attendris:

Saxa moves gemitu , Laërtiadæque precaris
Quæ meruit , quæ (si Dii sunt) non vana pre-
      caris.
Et nunc ille eadem nobis juratus in arma ,
Heu ! pars una ducum , quo successore sagittæ
Herculis utuntur ; fractus morboque , fameque ,
Venatuque , aliturque avibus , volucresque pe-
      tendo ,
Debita Trojanis exercet spicula fatis.
Ille tamen vivit , quia non comitatur Ulyssem.
Mallet & infelix Palamedes esse relictus ,
Viveret , aut certe letum sine crimine haberet.
Quem , male convicti nimium memor iste fu-
      roris ,
Prodere rem Danaam finxit , fictumque pro-
      bavit
Crimen , & ostendit quod jam præfoderat aurum.
Ergo aut exilio vires subduxit Achivis ,
Aut nece : sic pugnat , sic est metuendus Ulysses.
Qui licet eloquio fidum quoque Nestora vincat :
Haud tamen efficiet , desertum ut Nestora cri-
      men
Esse rear nullum : qui cum imploraret Ulyssen ,
Vulnere tardus equi , fessusque senilibus annis ,
Proditus à socio. Non hæc mihi crimina fingi ,
Scit bene Tydides : qui nomine sæpe vocatum

Et de nos Dieux vengeurs, nous verrions la
    juſtice,
Tonner ſur le coupable & foudroyer ULYSSE.
Oui , Philotecte, toi dont le reſſentiment
De tous nos Rois ligués confirma le ſerment :
Héritier de la gloire & des armes d'Alcide ,
En proie à la douleur , à la faim homicide ,
Chaque jour du vil ſang des cerfs, & des oiſeaux,
Tu n'irois pas, d'un Dieu , teindre les javelots ;
Ni profaner ces traits d'une trempe divine ,
Où d'Ilion , le Sort attacha la ruine.
Tu vis du moins encor, d'ULYSSE abandonné.
Ton deſtin, Palamede, eſt plus infortuné.
Au fils de Nauplius tu dois porter envie.
Tu vivrois , & le fer eût épargné ta vie ;
Ou du moins , ton trépas, exempt de trahiſon,
Ne t'auroit point flétri d'un indigne ſoupçon ;
Et l'or qu'un ſcélerat fit cacher dans ta tente,
N'eût pas d'un faux larcin fait la preuve évi-
    dente.
En tramant de nos chefs l'exil & le trépas,
Tu te fais redouter , ce ſont là tes combats.
Mais toi qui de Neſtor ſurpaſſes l'éloquence ,
Dans les rangs ennemis , tu laiſſes ſans défenſe,
Sous ſon cheval bleſſé, ce vieillard expirant
Qui t'implore , & tu fuis ; ce forfait eſt trop
    grand.
Quoi , traître ! tu livrois ainſi cette victime !
Qu'on ne m'accuſe point de ſuppoſer ce cri-
    me.
Tydide en fut témoin, & te couvrant d'affront,
Le reproches ſanglants il fit rougir ton front.

Corripuit, trepidoque fugam exprobravit amico.
Aſpiciunt oculis Superi mortalia juſtis.
En eget auxilio, qui non tulit : utque reliquit,
Sic linquendus erat, legem ſibi dixerat ipſe.
Conclamat ſocios ; adſum, videoque trementem,
Pallentemque metu & trepidantem morte futura.
Oppoſui molem clypei, texique jacentem,
Servavique animam (Minimum eſt hoc laudis)
      inertem.
Si perſtas certare, locum redeamus ad illum :
Redde hoſtes, vulnuſque tuum, ſolitumque ti-
      morem :
Poſt clypeumque late, & mecum contende ſub
      illo.
At poſtquam eripui, cui ſtandi vulnera vires
Non dederant, nullo tardatus vulnere fugit.
Hector adeſt, ſecumque Deos in prælia ducit ;
Quaque ruit, non tu tantum terreris, Ulyſſe,
Sed fortes etiam ; tantum trahit ille timoris.
Hunc ego ſanguineæ ſucceſſu cædis ovantem
Cominus ingenti reſupinum pondere fudi :
Hunc ego poſcentem cum quo concurreret, unus
Suſtinui, ſortemque me am voviſtis, Achivi,
Et veſtræ valuere preces. Si quæritis hujus
Fortunam pugnæ, non ſum ſuperatus ab illo.

Mais admirons des Dieux la juſtice ſuprême !
Du ſecours, qu'il refuſe, il a beſoin lui-même.
Tu méritois alors que tout fuit loin de toi,
Et ta fuite elle-même en preſcrivoit la loi.
Tu m'appelles, je vole, & je te vois, perfide,
Paliſſant de frayeur ſous l'acier homicide :
De mille bras levés je repouſſe l'effort,
Et ſous mon bouclier, je t'arrache à la mort.
Eh ! pourquoi, de ce trait rappeller la mémoire ?
A conſerver un lâche eſt-il donc quelque gloire ? .
Si tu l'oſes, fui-moi dans ces lieux pleins d'hor-
    reur ;
Rends-moi nos ennemis, ta bleſſure, ta peur.
Viens ſous mon bouclier, viens chercher un
    aſile,
Et là, diſpute-moi, l'héritage d'Achille.
Mais du fer menaçant à peine preſervé,
Il ſe dérobe en lâche au bras qui l'a ſauvé ;
Et ſes pieds, qui déja chanceloient de foibleſſe,
Pour fuir ont retrouvé leur force,& leur viteſſe.
Hector, des murs Troyens ce redoutable appui,
Vient, & mene au combat tous les Dieux avec
    lui.
Tu trembles, tu le dois : la terreur de ſes armes,
Même à nos plus vaillans, inſpire des allarmes.
Je lance à ce Héros ſi fier de ſes exploits,
Un trait énorme, il eſt renverſé ſous le poids :
Il défie un des Grecs aux champs de la victoire,
Le ſort, comme vos vœux, m'appelle à cette
    gloire.
Si vous me demandez qui de nous fut vainqueur
Ce combat ne fut point honteux à ma valeur.

E Cce ferunt Troës ferrumque, ignesque, Jo-
    vemque
In Danaas classes : ubi tunc facundus Ulysses ?
Nempe ego mille meo protexi pectore puppes,
Spem vestri reditus : date pro tot navibus arma.
Quod si vera licet mihi dicere, quæritur istis,
Quàm mihi, major honos, conjunctaque gloria
    nostra est ;
Atque Ajax armis, non Ajaci arma petuntur.
Conferat his Ithacus Rhesum, imbellemque Do-
    lona :
Priamidenque Helenum rapta cum Pallade cap-
    tum.
Luce nihil gestum, nihil est, Diomede remoto.
Si semel ista datis meritis tam vilibus arma,
Dividite, & pars sit major Diomedis in illis.
Quo tamen hæc Ithaco ? qui clàm, qui semper
    inermis
Rem gerit, & furtis incautum decipit hostem.
Ipse nitor galeæ claro radiantis ab auro
Insidias prodet, manifestabitque latentem.
Sed neque Dulichius sub Achillis casside vertex
Pondera tanta feret : nec non onerosa, gravis-
    que
Pelias hasta potest imbellibus esse lacertis :

MAis déja les Troyens vont tout réduire en
    poudre ;
A leurs traits, à leurs feux Jupiter joint sa fou-
    dre.
Que fait votre Orateur? C'est mon bras en ce jour,
A qui l'on doit la flotte , & l'espoir du retour.
Accordez m'en le prix : ces armes immortelles
Ont plus besoin d'Ajax , qu'Ajax n'a besoin
    d'elles.
Et, qu'il me soit permis de parler librement,
Votre honneur & le mien l'exige également.
Qu'Ulysse maintenant ose attaquer ma gloire ,
Sur Dolon & Rhesus qu'il vante sa victoire ;
Qu'il retrace à vos yeux Helenus enlevé ,
Et ce Palladium , si long-tems conservé ;
Ces exploits ignorés , ouvrages des ténèbres ,
Dont au fils de Tydide il doit les traits célèbres.
Et puisqu'il faut entr'eux qu'on partage le prix ,
Preferez Diomede, il a plus entrepris.
Et pourquoi de ce don récompenser Ulysse,
Lui qui n'a triomphé qu'à force d'artifice?
L'éclat étincelant dont ce casque reluit,
Le feroit voir tremblant dans l'ombre de la nuit.
Non, Princes, ce n'est point pour l'ame la plus
    vile,
Que Vulcain a forgé le bouclier d'Achille.
Cette lance, ces dards du plus grand des humains
Seroient un poids trop lourd pour de débiles
    mains ;
Et le vaste Univers gravé sur cette Egide ,
Pour ce noble fardeau , veut un bras intrépide.

Nec clypeus, vasti cœlatus imagine mundi,
Conveniet timidæ, natæque ad furta siniftræ.
Debilitaturum quid te petis, improbe, munus?
Quod tibi si populi donaverit error Achivi,
Cur spolieris erit, non cur metuaris, ab hoste :
Et fuga ,qua sola cunctos, timidiffime, vincis,
Tarda futura tibi est gestamina tanta trahenti.
Adde quod iste tuus, tam raro prœlia paffus,
Integer est clypeus : noftro, qui tela ferendo
Mille patet plagis, novus est succeffor habendus.
Denique quid verbis opus est ? spectemur agendo.
Arma viri fortis medios mittantur in hoftes,
Inde jubete peti, & referentem ornate relatis.

  Finierat Telamone fatus, vulgique fecutum
Ultima murmur erat : donec Laërtius heros
Adftitit, atque oculos paulum tellure moratos
Suftulit ad proceres, expectatoque refolvit
Ora fono, neque abeft facundis gratia dictis.

Sous ce riche ornement tu vas donc t'accabler !
Loin de te craindre, lâche ! on va t'en dépouiller;
Et c'eſt toi, dont la fuite eſt l'arme la plus ſûre,
Qui, pour la ralentir, veux prendre cette ar-
    mure !
Les traits de toutes parts percent mon bouclier;
J'en attens un nouveau : le tien eſt tout entier.
Mais laiſſons les diſcours : il faut agir, ULYSSE;
Ouvrons à notre gloire une plus noble lice :
Qu'au milieu des Troyens ce bouclier jetté,
Orne le bras vainqueur, qui l'aura rapporté.
    Ainſi finit AJAX : ces paroles hardies,
D'un murmure flatteur ſembloient être applau-
    dies :
Lorſqu'ULYSSE ſe lève, & tenant un moment
Ses regards, ſur la terre attachés fixement;
Les porte ſur les chefs, & rompant le ſilence,
Il enchante les cœurs par ſa douce éloquence.

ULYSSIS ORATIO.

SI mea cum veſtris valuiſſent vota, Pelaſgi,
    Non foret ambiguus tanti certaminis hæres.
Tuque tuis armis, nos te potiremur, Achille :
Quem quoniam non æqua mihi, vobiſque nega-
    runt
Fata (manuque ſimul veluti lacrymantia terſit
Lumina) quis magno melius ſuccedet Achilli,
Quàm per quem magnus Danaïs ſucceſſit Achil-
    les ?
Huic modo ne proſit, quod ut eſt, hebes eſſe videtur:
Neve mihi noceat, quod vobis ſemper, Achivi,
Profuit ingenium ; meaque hæc facundia, ſi
    qua eſt,
Quæ nunc pro domino, pro vobis ſæpe locuta eſt,
Invidia careat, bona nec ſua quiſque recuſet.
Nam genus, & proavos, & quæ non fecimus
    ipſi,
Vix ea noſtra voco. Sed enim quia rettulit Ajax
Eſſe Jovis pronepos, noſtri quoque ſanguinis
    auctor
Jupiter eſt, totidemque gradus diſtamus ab illo.

HARANGUE

HARANGUE D'ULYSSE.

AH Princes ! si le Ciel eût exaucé nos vœux,
Le sort de ce combat ne seroit point dou-
    teux.
Nous jouirions d'Achille, Achille de ses armes.
Mais (ULYSSE à ces mots feint d'essuyer ses lar-
    mes)
Puisque de nos destins les décrets éternels,
Viennent de nous ravir le plus grand des mortels:
Qui doit lui succeder ? c'est celui dont l'adresse,
Sçut amener Achille au secours de la Grece.
AJAX est mon rival, croit-il donc qu'aujourd'hui
L'esprit grossier devienne un mérite pour lui ?
Et ces foibles talens dont la Grece me loue,
Consacrés par mes soins, & qu'elle - même
    avoue ;
Excitant contre moi les traits d'un furieux,
Me feront-ils rougir de la faveur des Dieux ?
Et ne pourra-t-on plus, sans irriter l'envie,
Employer à propos l'art d'un heureux génie ?
Que nous fait la naissance, & l'éclat des ayeux,
Si de sa propre gloire on ne brille comme eux ?
AJAX nous vante ici sa céleste origine :
Comme lui, je descens d'une source divine.
Le grand Arcesius, dont Laerte est le fils,
Reçut de Jupiter le jour qu'il ma transmis.
Et l'on ne compte point, dans la race d'ULYSSE,
Des criminels flétris d'exil & de supplice.

B

Nam mihi Laërtes pater est , Arcesius illi ,
Jupiter huic , neque in his quisquam damnatus ,
            & exul.
Est quoque per matrem Cyllenius addita nobis
Altera nobilitas : Deus est in utroque parente.
Sed neque materno quòd sum generosior ortu ,
Nec mihi quod pater est fraterni sanguinis insons ,
Proposita arma peto : meritis expendite causam ,
Dummodo quod fratres Telamon, Peleusque fue-
            runt ,
Ajacis meritum non sit : nec sanguinis ordo ,
Sed virtutis honos spoliis quæratur in istis.
Aut si proximitas , primusque requiritur hæres ;
Est genitor Peleus , est Pyrrhus filius illi ,
Quis locus Ajaci ? Phthiam hæc , Scyronve ,
            ferantur.
Nec minus est isto Teucer patruelis Achilli ;
Non petit ille tamen ; num, si petat, auferat illa ?

E Rgo operum quoniam nudum certamen ha-
            betur ,
Plura quidem feci, quàm quæ comprendere dictis
In promptu mihi sint: rerum tamen ordine ducar.
Præscia venturi genitrix Nereïa leti
Dissimulat cultu natum ; & deceperat omnes ,
In quibus Ajacem , sumptæ fallacia vestis.
Arma ego fœmineis animum motura virilem

Je pourrois joindre encor à ces droits solemnels,
L'avantage & l'éclat de mes droits maternels;
Mercure à mes ayeux ajoûte un nouveau lustre,
Ainsi, des deux côtés, ma naissance est illustre.
Que la mere d'AJAX n'égale point ce rang,
Que Laerte des siens n'ait point versé le sang:
Non, je ne prétens pas ici m'en faire un titre;
Il faut que la vertu soit entre nous l'arbitre.
Envain sur Telamon AJAX croit se fonder,
C'est le mérite seul qui doit en décider;
Ou si le sang, enfin, doit avoir l'avantage,
D'un pere, ou bien d'un fils, c'est le juste héri-
     tage:
Princes, rien desormais ne peut vous arrêter,
Ou Pelée, ou Pyrrhus doit ici l'emporter;
A ces armes, AJAX, cesse donc de prétendre:
C'est à Phtie, à Scyros que l'on doit les attendre.
Teucer, ainsi que toi, du sang d'Achille issu,
S'il aspiroit au prix, y seroit-il reçu?

MAis puisqu'aux exploits seuls vous reser-
    vez la gloire,
Quoiqu'en foule, les miens s'offrent à ma mé-
    moire:
Je vais, pour commencer ce récit important,
Suivre l'ordre des faits, en vous les racontant.
D'un Oracle effrayant Thétis épouvantée,
Nous cachoit de son fils la retraite écartée;
Inconnu dans Scyros, ce Héros déguisé,
Trompa les yeux des Grecs, & d'AJAX abusé.

Mercibus inferui ; neque adhuc projecerat heros
Virgineos habitus ; cum parmam , haftamque te-
    nenti :
Nate Dea , dixi , tibi fe peritura refervant
Pergama , quid dubitas ingentem evertere Tro-
    jam ?
Injecique manum , fortemque ad fortia mifi.
Ergo opera illius, mea funt. Ego Telephon hafta
Pugnantem domui ; victum , orantemque refeci :
Quod Thebæ cecidere , meum eft ; me credite ,
    Lesbon ,
Me Tenedon , Chryfenque , & Cyllan , Apol-
    linis urbes ,
Et Scyron cepiffe : mea concuffa putate
Procubuiffe folo Lyrneffia mœnia dextra.
Utque alios taceam , qui fævum perdere poffet
Hectora nempe dedi , per me jacet inclytus Hec-
    tor.
Illis hæc armis , quibus eft inventus Achilles ,
Arma peto ; vivo dederam , poft fata repofco.
Ut dolor unius Danaos pervenit ad omnes ,
Aulidaque Euboïcam complerunt mille carinæ :
Expectata diu , nulla aut contraria claffi
Flamina erant , duræque jubent Agamemnona
    fortes
Immeritam fævæ natam mactare Dianæ.

Moi feul d'un piége heureux je fçus ourdir la
  trame.
Parmi tous ces atours dont fe pare une femme,
Frivoles ornemens pour un jeune guerrier,
D'une armure, à fes yeux, je fais briller l'acier.
Sous un habit de fille, à l'afpect d'une lance,
Tout-à-coup j'apperçois Achille qui s'élance :
Ah ! m'écriai-je alors, fils de Thetis, c'eft vous?
Quoi, tandisqu'Ilion doit tomber fous vos coups,
Votre valeur s'endort au fein de la mollefle !
Venez, marchez, volez au fecours de la Grece.
La gloire le réveille, il brife fes liens,
Et depuis cet inftant, fes exploits font les miens.
Oui, c'eft moi dont le bras utile à ma patrie,
Vainqueur de Telephus, lui confervai la vie :
Ne me devez-vous pas Cylla, Chryfe, Lefbos?
C'eft moi qui renverfai Thebes & Tenedos ?
N'eft-ce pas fous l'effort de ma main vengerefle,
Que font tombés les murs de Scyros, de Lyrnefle?
D'Achille contre Hector, puifque j'armai le bras,
D'Hector, c'eft à moi feul, que l'on doit le
  trépas ;
Et puifque Achille eft mort, faut il qu'on me
  ravifle
Des armes que vivant il a reçu d'ULYSSE ?
Lorfque toute la Grece en traverfant les eaux,
Se rendit en Aulide avec mille vaifleaux,
Et que d'un de nos Rois voulant venger l'ou-
  trage,
Le calme ou l'Aquilon nous retint au rivage :
Sur ce retardement, l'Oracle confulté,
Par cet arrêt, des Dieux marqua la volonté :

B iij

Denegat hoc genitor, divifque irafcitur ipfis ;
Atque in rege tamen pater eft. Ego mite parentis
Ingenium verbis ad publica commoda verti.
Tunc, equidem fateor, faffoque ignofcat Atrides,
Difficilem tenui fub iniquo judice caufam.
Hunc tamen utilitas populi , fraterque , datique
Summa movet fceptri , laudem ut cum fanguine
    penfet.
Mittor & ad matrem , quæ non hortanda , fed
    aftu
Decipienda fuit ; quò fi Telamonius iffet ,
Orba fuis effent etiam nunc lintea ventis.
Mittor & Iliacas audax orator ad arces ,
Vifaque , & intrata eft altæ mihi curia Trojæ ,
Plenaque adhuc erat illa viris : interritus egi
Quam mihi mandarat communis Græcia caufam,
Accufoque Parin , prædamque , Helenamque re-
    pofco ,
Et moveo Priamum , Priamoque Antenora
    junctum.
At Paris , & fratres , & qui rapuere fub illo ,
Vix tenuere manus (fcis hæc Menelaë) nefan-
    das ,
Primaque lux noftri tecum fuit illa pericli.

„ Pour appaiſer Diane, & la rendre propice,
„ Il faut d'Iphigenie offrir le ſacrifice.
Mais à peine Calchas a prononcé ce nom,
Que l'on voit dans le camp le triſte Agamemnon
N'écouter que la voix de ſa vive tendreſſe,
Le Pere l'emporter ſur le chef de la Grece,
Et livré tout entier à ſa juſte douleur,
Du celeſte decret accuſer la rigueur.
D'Atride toutefois j'appaiſai la colère;
L'intérêt du public fut plus fort que le pere :
J'obtins ſa fille, enfin; le Roi ne peut celer,
Qu'il combattit long-tems, pour ne pas l'imoler :
Mais ſon rang, ſon pays, ſon frere, ſon injure,
Firent parler la gloire, & taire la nature.
Vers Clytemneſtre alors je me vis députer :
Sans perdre vainement mon temps à l'exhorter,
Pour tromper une mere, & pour ſervir la Grece,
J'employai les détours de mon heureuſe adreſſe.
Si mon rival lui ſeul eût été votre appui,
Vous ſeriez tous encore en Aulide aujourd'hui.
Envoyé vers Priam, je m'y rends avec joye;
Je brave les remparts & le Sénat de Troye :
Devant tous ces Héros, je parle avec grandeur,
Et ſoûtiens la fierté de votre Ambaſſadeur.
J'oſe dire aux Troyens, qu'il faut nous rendre
    Helene ;
A Pâris, que l'honneur défend qu'il la retienne.
Priam paroît ému de mon reſſentiment ;
Antenor ébranlé blâme l'enlevement ;
Et l'injuſte Pâris, que ce reproche offenſe,
De ſes freres armés aigrit la violence.
Ménélas, vous ſçavez ce que je fis pour vous,
Et ce premier danger fut commun entre-nous.

LOnga referre mora est quæ consilioque, ma-
*   nuque,*
Utiliter feci spatiosi tempore belli.
Post acies primas, urbis se mænibus hostes
Continuere diu, nec aperti copia Martis
Ulla fuit, decimo demum pugnavimus anno.
Quid facis interea, qui nil nisi prælia nosti ?
Qui tuus usus erat ? nam, si mea facta requiris,
Hostibus insidior, fossas munimine cingo,
Consolor socios, ut longi tædia belli
Mente ferant placida ; doceo quo simus alendi,
Armandique modo ; mittor quo postulat usus.
Ecce Jovis monitu, deceptus imagine somni,
Rex jubet incœpti curam dimittere belli :
Ille potest auctore suam defendere vocem,
Non sinat hoc Ajax, delendaque Pergama pos-
*   cat,*
Quodque, potest, pugnet. Cur non remoratur
*   ituros ?*
Cur non arma capit ? dat quod vaga turba sequa-
*   tur ?*
Non erat hoc nimium, nunquam nisi magna
*   loquenti.*
Quid quod & ipse fugis : vidi, puduitque videre,
Cum tu terga dares, inhonestaque vela parares.

MAis dois-je faire ici l'hiſtoire de ma vie,
Et compter tous les jours, donnés à ma patrie ?
Après nos premiers chocs, les Troyens allar-
    més,
Longtemps dans leurs remparts ſe tinrent ren-
    fermés.
Sans oſer de nouveau ſur nous rien entreprendre,
Leurs ſoins, neuf ans entiers, furent de ſe dé-
    fendre.
Que fit AJAX pour lors, ce nourriſſon de Mars,
Qui reſpire la guerre, & brave les haſards?
Pour moi, d'un boulevard je couvre nos tran-
    chées,
J'encourage à ſouffrir nos troupes retranchées;
Et, ſur vos intérêts faiſant veiller mes ſoins,
Je meſure partout les ſecours aux beſoins.
Entraîné cependant par les erreurs d'un ſonge,
Agamemnon, des ſens écoutant le menſonge,
Ordonne de lever le ſiége commencé,
Diſant que Jupiter ainſi l'a prononcé :
Qu'il en a pour garant la volonté céleſte.
Tu t'oppoſes ſans doute à cet ordre funeſte;
Tu vas d'Agamemnon combatre le deſſein,
Et remettre à nos chefs la valeur dans le ſein !
Non, tu fuis : je rougis de voir cette baſſeſſe,
Et l'exemple d'AJAX décourager la Gréce:
Cet illuſtre Héros que l'on doit admirer,
Hâte notre retour pour ſe deshonorer.
Où courez-vous, ô Grecs ? Dis-je, quelle in-
    famie !
Quoi, près de triompher d'une Ville ennemie,

Nec mora, Quid facitis ? quæ vos dementia,
    dixi,
Concitat, ô socii, captam dimittere Trojam ?
Quidve domum fertis decimo, nisi dedecus,
    anno ?
Talibus atque aliis, in quæ dolor ipse disertum
Fecerat, aversos profuga de classe reduxi.
Convocat Atrides socios terrore paventes.
Nec Telamoniades etiam nunc hiscere quicquam
Audet, & ausus erat reges incessere dictis
Thersites, etiam per me haud impune protervus.
Erigor, & trepidos cives exhortor in hostem,
Amissamque mea virtutem voce repono.
Tempore ab hoc quodcumque potest fecisse videri
Fortiter iste, meum est, qui dantem terga retraxi.
Denique de Danais quis te laudatve petitve ?
At sua Tydides mecum communicat acta,
Me probat, & socio semper confidit Ulyssi.
Est aliquid, de tot Graiorum millibus, unum
A Diomede legi : nec me sors ire jubebat.
Sed tamen & spreto noctisque hostisque periclo,
Ausum eadem quæ nos, Phrygia de gente Do-
    lona
Interimo ; non ante tamen, quam cuncta coëgi
Prodere, & edidici quid perfida Troja pararet.
Omnia cognôram, nec quod specularer habebam,

Faut-il qu'après dix ans un éternel affront,
Flétriffe les lauriers qui ceignent votre front ?
Ce difcours éloquent, que me dicte la rage,
Des foldats éperdus ranime le courage ;
Atride en un moment, par fes foins empreffés,
Raffemble près de lui nos guerriers difperfés,
D'où vient que mon rival garde un morne filence,
Quand Therfite aux deux Rois parle avec info
    lence ?
C'eft moi qui le punis de fa témérité ;
Et faifant honte aux Grecs de leur timidité ,
Ma voix en un inftant ranime dans leur ame,
L'héroïque fierté du zéle qui m'enflamme.
Ainfi tout ce qu'AJAX a fait depuis ce jour,
Vous le devez à moi , j'ai caufé fon retour.
Enfin, qui de nos Grecs cherche fon affiftance?
Diomede , avec moi toûjours d'intelligence,
S'aide de mon bras feul dans fes nobles exploits,
Et parmi tant de chefs, m'honore de fon choix.
Rappellez-vous ce jour où pour votre fervice ,
Il faut marcher : le fort ne nommoit point
    ULYSSE ;
Mais mon amour pour vous m'entraînoit aux
    combats ;
J'affronte, fans fremir, la nuit & le trépas :
Et j'arrache à Dolon les fecrets de Pergame,
Avant que de fes jours ce fer coupe la trame.
Je pouvois bien alors revenir parmi vous ;
Si de votre fuccès j'euffe été moins jaloux ;
Mon bonheur furpaffoit vos vœux, & votre
    attente :
Je fais plus : de Rhefus je cours forcer la tente ,

Et jam promiſſa poteram cum laude reverti :
Haud contentus eo , petii tentoria Rheſi ,
Inque ſuis ipſum caſtris , comiteſque peremi ,
Atque ita captivo , victor votiſque potitus ,
Ingredior curru lætos imitante triumphos.
Cujus equos pretium pro nocte popoſcerat hoſtis ,
Arma negate mihi , ferat hæc ut dignior Ajax.

*Q**Uid Lycii referam Sarpedonis agmina ferro*
Devaſtata meo ? Cum multo ſanguine fudi
Cæranon , Iphitidenque , Alaſtoraque , Chro-
          miumque ,
Alcandrumque , Haliumque , Noëmonaque ,
          Prytaninque ,
Exitioque dedi cum Cherſidamante Thoona ,
Et Charopen , fatiſque immitibus Ennomon
          actum ,
Quique minus celebres noſtra ſub mænibus urbis
Procubuere manu. Sunt & mihi vulnera , cives ,
Ipſo pulcra loco ; nec vanis credite verbis ,
Aſpicite , en (veſtemque manu deduxit) & hæc
          ſunt
Pectora ſemper , ait , veſtris exercita rebus.
At nihil impendit per tot Telamonius annos
Sanguinis in ſocios , & habet ſine vulnere corpus.
Quid tamen hoc refert , ſi ſe pro claſſe Pelaſga

Et jufque dans fon camp me frayant un chemin,
J'immole les foldats & le chef de ma main.
Je reviens parmi vous, le front couvert de gloire,
Et le char de Rhefus, eft mon char de victoire.
Peut-on me refufer les armes du Héros,
Dont un lâche ennemi demandoit les chevaux?
Et vous pourriez encor, fans me faire injuftice,
Me preferer Ajax après un tel fervice?

Vous dirai-je, que j'ai terraffé Sarpedon,
Alcandre, Prytanis, Alaftor, & Thoon,
Que par moi, Cæranon, Noëmon & Chromie,
Cherfidamas, Charope ont vû trancher leur
    vie?
Voyez, voyez ce fein percé de mille coups:
Le fang d'Ajax jamais a-t-il coulé pour vous?
Tandis que conftamment à la Grece, fidele,
J'ai prodigué le mien pour fignaler mon zele.
S'il eft certain qu'Ajax ait fauvé nos vaiffeaux,
Combattu les Troyens, & les Dieux fur les eaux;
Si fon bras eut alors part à cette victoire,
(Jufques dans mes rivaux, je refpecte la gloi-
    re:
Et je ne prétens pas en avilir l'éclat)
Ne doit-on qu'à lui feul l'honneur de ce com-
    bat?
Et Patrocle couvert du bouclier d'Achille,
Ne repouffa-t-il pas Hector jufqu'à fa Ville?
N'ofe-t-il pas encor, pour fe glorifier,
Se vanter d'avoir feul attaqué ce guerrier?

Arma tulisse refert contra Troasque , Jovemque ?
Confiteorque tulit; neque enim bene facta maligne
Detractare meum est : modo ne communia solus
Occupet , atque aliquem vobis quoque reddat ho-
    norem.
Reppulit Actorides sub imagine tutus Achillis
Troas ab arsuris cum defensore carinis.
Ausum etiam Hectoreis solum concurrere telis
Se putat , oblitus regisque , ducisque , meique ;
Nonus in officio , & prælatus munere sortis.
Sed tamen eventus vestræ , fortissime , pugnæ
Quis fuit ? Hector abit violatus vulnere nullo.
Me miserum ! quanto cogor meminisse dolore
Temporis illius, quo Graiûm murus Achilles
Procubuit; nec me lacrymæ , luctusque, timorque,
Tardârunt , quin corpus humo sublime referrem.
His humeris , his , inquam , humeris ego corpus
    Achillis ,
Et simul arma tuli, quæ nunc quoque ferre laboro.
Sunt mihi quæ valeant in talia pondera vires ,
Est animus certe vestros sensurus honores.
Scilicet idcircò pro nato cærula mater
Ambitiosa suo fuit , ut cœlestia dona
Artis opus tantæ , rudis , & sine pectore , miles
Indueret ? Neque enim clypei cælamina novit ,
Oceanum , & terras , cumque alto sidera cælo ,
Pleïadasque Hyadasque immunemque æquoris
    Arcton ,
Diversasque urbes , nitidumque Orionis ensem.
Postulat ut capiat , quæ non intelligit , arma.

Ne se souvient-il plus qu'Atride avec son
   frere,
Qu'ULYSSE ont défié cet illustre adversaire?
Et que parmi neuf Chefs qui briguoient cet hon-
   neur
De son choix, c'est au sort qu'AJAX dut le bon-
   heur.
Mais quel fut le succès de ce rare courage?
C'est qu'AJAX sur Hector n'eut aucun avan-
   tage.
Ah cruel souvenir! objet de nos douleurs,
Moment fatal qui fut la source de nos pleurs,
Où la mort renversa d'un bras impitoyable,
Cet Achille, des Grecs le rempart redoutable.
Dès lors je n'écoutai, ni larmes, ni soupir,
Le danger, ni la mort ne put me retenir.
Sans fatiguer les Dieux d'une plainte inutile,
J'enlevai dans mes bras le corps du grand Achille;
Et loin d'être accablé sous un si noble poids,
Je portai le Héros, & l'armure à la fois.
D'un si riche fardeau je ne suis pas indigne,
Je ressens tout le prix de cet honneur insigne.
Quoi! d'Achille, Thétis verroit le bouclier,
Devenir l'ornement d'un Athlete grossier?
Un AJAX connoît-il les Astres, les Pléïades,
La Terre, l'Océan, le Ciel & les Hyades:
L'Ourse, qu'on ne voit point se baigner dans les
   mers,
Le glaive d'Orion, & ces climats divers:
Chef d'œuvre sans égal de l'art d'un si grand
   maître?
Pour l'obtenir, ce prix, il faudroit le connoître.

QUid ? quod me duri fugientem munera belli
Arguit incœpto ferum acceſſiſſe labori ?
Nec ſe magnanimo maledicere ſentit Achilli.
Si ſimulaſſe vocat crimen, ſimulavimus ambo ;
Si mora pro culpa eſt, ego ſum maturior illo :
Me pia detinuit conjux, pia mater Achillem :
Primaque ſunt illis data tempora, cœtera vobis.
Haud timeam, ſi jam nequeam defendere crimen
Cum tanto commune viro : deprenſus Ulyſſis
Ingenio tamen ille ; at non Ajacis Ulyſſes.
Neve in me ſtolidæ convicia fundere linguæ
Admiremur eum, vobis quoque digna pudore
Objicit : an falſo Palamedem crimine turpe eſt
Accuſſaſſe mihi ? vobis damnaſſe decorum ?
Sed neque Naupliades facinus defendere tantum,
Tamque patens, valuit ; nec vos audiſtis in illo
Crimina, vidiſtis ; pretioque objecta patebant.
Nec Pœantiaden quod habet Vulcania Lemnos,
Eſſe reus merui, factum defendite veſtrum ;
Conſenſiſtis enim : nec me ſuaſiſſe negabo,
Ut ſe ſubtraheret bellique viæque labori,
Tentaretque feros requie lenire dolores.
Paruit, & vivit : non hæc ſententia tantum,
Fida, ſed & felix cum ſit ; facit eſſe fidelem.

Non

NOn, non, il n'eſt plus rien qu'AJAX ne puiſſe
     oſer,
De lâcheté, ſans honte, il vient de m'accuſer;
Sans voir, que ce reproche, en attaquant ma
     gloire,
Du grand Achille même outrage la mémoire.
Si pour les Grecs j'ai pris les armes le dernier,
N'ai-je pas devancé cet illuſtre guerrier?
Si mon déguiſement paſſe pour une fuite,
Du plus grand des Héros c'eſt blâmer la con-
     duite.
Achille ſe rendit aux tranſports de Thétis:
Comme lui j'écoutai Pénélope & mon fils.
Mais pour quelques inſtans donnés à la ten-
     dreſſe,
Le reſte de mes jours, je le voue à la Grece.
Que font à mon honneur ces momens de repos?
Eſt-ce un crime, en effet, d'imiter les héros?
Pour me trouver, AJAX vous devint inutile,
Et ce fut par mes ſoins qu'on découvrit Achille.
Mais n'admirez-vous pas, de quel front, à vos
     yeux,
AJAX lance ſur nous ſes traits injurieux?
Si Palamede à faux fut noirci par ULYSSE,
Votre arrêt contre lui devient une injuſtice.
Mais non, de ſon aveu, ſon crime eſt évident;
Et coupable, il ſubit un juſte châtiment.
Suis-je auſſi le garand du ſort de Philotecte?
A Lemnos, vous & moi, fixames ſa retraite.
Je l'avoüerai: touché du ſort de ce Héros,
Dont la bleſſure affreuſe exigeoit le repos,

C

Quem quoniam vates delenda ad Pergama pof-
     cunt ,
Ne mandate mihi , melius Telamonius ibit ,
Eloquioque virum morbis, iraque frementem ,
Molliet , aut aliqua producet callidus arte.
Ante retro Simois fluet , & fine frondibus Ide
Stabit , & auxilium promittet Achaïa Trojæ :
Quàm , ceffante meo pro veftris pectore , rebus
Ajacis ftolidi Danais follertia profit.
Sis licet infeftus fociis , regique , mihique ,
Dure Philoctete : licet execrere , meumque
Devoveas fine fine caput , cupiafque dolenti
Me tibi forte dari; noftrumque haurire cruorem ;
Utque tui mihi , fic fiat tibi copia noftri :
Te tamen aggrediar , mecumque reducere ni-
     tar.

Tamque tuis potiar (faveat fortuna) fagittis ,
Quàm fum Dardanio , quem cepi , vate potitus ;
Quàm refponfa Deûm , Trojanaque fata retexi
Quàm rapui Phrygiæ fignum penetrale Miner-
     væ
Hoftibus è mediis : & fe mihi comparat Ajax ?
Nempe capi Trojam prohibebant fata fine illo :
Fortis ubi eft Ajax ? ubi funt ingentia magni
Verba viri ? cur hic metuit ? cur audet Ulyffes
Ire per excubias, & fe committere nocti ?

Que de goûter aux camps il est si difficile,
J'ouvris l'utile avis, qu'il restât dans son Ile :
C'est pourtant cet avis, Princes, qui l'a sauvé ;
L'on me doit Philotecte, & je l'ai conservé.
J'étois quitte envers lui, par ce conseil fidéle ;
Et de plus, le succès a couronné mon zéle.
Mais puisque les Destins, par leur décision,
Reservent à son bras la chute d'Ilion,
Que Philotecte seul peut la réduire en cendre,
Par votre ordre à Lemnos mon rival doit se
    rendre :
D'Ajax, mieux que d'Ulysse, on aura du secours ;
Philotecte sera vaincu par ses discours.
Sa fureur, ses transports, sa douleur violente,
Tout va ceder aux traits de sa bouche éloquente ;
Et son adresse enfin, l'amenant parmi vous,
Comblera, par ce don, votre espoir le plus doux.
Non : l'on verra plûtôt, du milieu de sa course,
L'onde du Simoïs remonter vers sa source ;
Du fameux Mont Ida les chênes verdoyans,
Dépouillés de feuillage au milieu du printems ;
La Grece de ses Rois oubliant la querelle,
Faire avec les Troyens une paix éternelle :
Qu'Ulysse négligent vous refuser ses soins,
Et l'adresse d'Ajax pourvoir à vos besoins.
Ah Philotecte ! toi dont la haine implacable,
S'arme contre nos chefs d'un courroux indom-
    table :
Barbare ! qui voudrois en me perçant le flanc,
Éteindre ta fureur dans les flots de mon sang ;
Bravant avec fierté tes menaces terribles,
Oui, j'irai te chercher, toi, tes traits invincibles.

Perque feros enſes , non tantum mœnia Trojæ ,
Verum etiam ſummas arces intrare , ſuaque
Eripere œde Deam , raptamque afferre per hoſtes?
Quæ niſi feciſſem fruſtra Telamone creatus
Geſtaſſet læva taurorum tergora ſeptem.
Illa noĉte mihi Trojæ victoria parta eſt :
Pergama tunc vici , cum vinci poſſe coëgi.

D *Eſine Tydiden vultuque & murmure nobis*
Oſtentare meum : pars eſt ſua laudis in illo.
Nec tu , cum ſocia clypeum pro claſſe tenebas ,
Solus eras ; tibi turba comes , mihi contigit unus:
Qui niſi pugnacem ſciret ſapiente minorem
Eſſe , nec indomitœ deberi prœmia dextrœ ,
Ipſe quoque hœc peteret : peteret moderatior Ajax ,
Eurypiluſque ferox , claroque Andremone natus:
Nec minus Idomeneus , patriaque creatus eadem
Meriones ; peteret majoris frater Atridœ :

Ainſi que j'arrachai du Prophéte Hélénus,
Des perfides Troyens les ſecrets inconnus ;
Et que je pénétrai l'auguſte ſanctuaire.
Pour ravir de Pallas l'image tutélaire,
Que mon Rival encor vienne me diſputer
Ce prix, que je ſuis ſeul digne de remporter.
N'eſt-ce donc pas ce bras, défenſeur de la Grèce,
Qui vous livre Ilion, vous livrant ſa Déeſſe ?
Qu'a-t il fait cet AJAX, ſi fier, ſi glorieux ?
D'où vient que ſa valeur ne frappe plus nos
    yeux ?
Tandis que l'on me voit, ſans crainte, ſans
    allarmes,
Malgré la nuit, l'horreur, le péril & les armes,
Eſcalader ces tours, où veilloient des ſoldats,
Et juſques ſur l'autel leur arracher Pallas.
Mais quoi! ſans le ſecours de mon bras invincible,
Qu'eût fait ce bouclier qu'AJAX croit ſi terrible?
Puiſque Pergame étoit invincible autrement,
N'en ſuis-je pas vainqueur par cet enlevement ?

CEſſe donc un inſtant de me montrer Tydide;
Tes yeux diſent aſſez que ſon bras fut mon guide;
Ce Prince, je le ſçais, eut part à mon bonheur;
Une juſte louange eſt le prix de l'honneur.
De Troye, avec nos chefs, tu bravois la furie.
Avec Tydide ſeul, je ſauvois la patrie;
Et s'il étoit douteux, que le guerrier prudent
Eût droit de l'emporter ſur un chef plus vail-
    lant ;
Oïlée à ce prix n'eût-il pas dû s'attendre ?
Le fier Eurypilus, & Thoas y prétendre ?

C iij

Quippe manu fortes (nec funt tibi Marte fecundi)
Confiliis ceffere meis. Tibi dextera bello
Utilis : ingenium eft quod eget moderamine
    noftro :
Tu vires fine mente geris , mihi cura futuri eft :
Tu pugnare potes ; pugnandi tempora mecum
Eligit Atrides : tu tantum corpore prodes ,
Nos animo ; quantoque ratem qui temperat ,
    anteit
Remigis officium , quanto dux milite major ,
Tantum ego te fupero : nec non in corpore noftro
Pectora funt potiora manu , vigor omnis in illis.
At vos , ô proceres , vigili date præmia veftro ,
Proque tot annorum curis , quos anxius egi ,
Hunc titulum meritis penfandum reddite noftris.
Jam labor in fine eft : obftantia fata removi ;
Altaque , poffe capi faciendo , Pergama cepi.
Per fpes nunc focias, cafuraque mœnia Troum ,
Perque Deos oro , quos hofti nuper ademi ;
Per, fi quid fupereft, quod fit fapienter agendum,
Si quid adhuc audax , ex præcipitique petendum
    eft ;
Si Trojæ fatis aliquid reftare putatis ;
Effe mei memores : aut fi mihi non datis arma ,
Huic date : & oftendit fignum fatale Minervæ.

Idomenée, avec le Crétois Mérion,
Le brave Menelas, frere d'Agamemnon?
Cependant tous ces chefs, tes égaux en courage,
Toujours à mes conseils ont cédé l'avantage.
Tu fignales ton bras, A J A X, au champ de
 Mars :
Moi, je regis ta fougue au milieu des hafards.
Ta valeureufe ardeur ignore la prudence ;
Tu fçais combattre, & moi j'ufe de prévoyance.
C'eft Atride avec moi qui reglons le combat :
Mon efprit qui préfide, & ton corps qui fe bat.
Autant qu'un Nautonnier, rempli d'expérience,
Du groffier Matelot furpaffe la fcience :
Autant qu'à fes foldats le chef doit commander;
A mes vertus autant, A J A X, tu dois ceder.
Car la noble vigueur du beau feu qui m'enflam-
 me,
S'annonce par mes coups, & brille dans mon ame.
C'eft l'amour, dont mon cœur pour la Grece
 eft épris,
Cet amour vigilant, qui mérite le prix.
Couronnez de ce don les foins de tant d'an-
 nées :
C'en eft fait ; j'ai forcé les fieres Deftinées :
Eh n'eft-ce pas avoir triomphé des Troyens,
Qu'avoir de leur défaite affuré les moyens.
Par cette Déïté, de fon temple enlevée,
Pour le bonheur des Grecs, à mon bras refervée,
Recompenfez U L Y S S E : il n'eft point de danger,
Où fon zéle pour vous ne puiffe l'engager.
Mais, fi je n'obtiens pas la gloire qui m'eft dûe,
Qu'on l'accorde à Pallas, dont voici la ftatue.

C iv

MOta manus procerum est ; & quid facundia
    possit
Tum patuit , fortisque viri tulit arma disertus.
Hectora qui solus , qui ferrum , ignesque , Jo-
    vemque
Sustinuit toties , unam non sustinet iram ,
Invictumque virum vicit dolor. Arripit ensem :
Et meus hic certe est : an & hunc sibi poscit
    Ulysses ?
Hoc , ait , utendum est in me mihi , quique cruore
Sæpe Phrygum maduit , domini nunc cæde
    madebit :
Ne quisquam Ajacem possit superare , nisi Ajax.
Dixit , & in pectus tum demum vulnera passum ,
Qua patuit ferro , letalem condidit ensem :
Nec valuere manus infixum educere telum ;
Expulit ipse cruor , rubefactaque sanguine tellus
Purpureum viridi genuit de cespite florem ,
Qui prius Oebalio fuerat de vulnere natus.
Littera communis mediis pueroque viroque
Inscripta est foliis : hæc nominis , illa querelæ.

SOudain d'un camp nombreux on entend la
    clameur ;
Et la Grece applaudit à son liberateur.
De l'Eloquence alors on eprouva les charmes :
Par elle, du guerrier, l'orateur eut les armes :
Cet AJAX invincible, & qui bravoit les Dieux,
Ne soûtient pas l'accès d'un transport furieux :
ULYSSE a-t-il encor des droits sur cette épée ?
Qui du sang Phrygien fut tant de fois trempée ?
Non : elle est bien à moi, plongeons-la dans mon
    sein.
Pour triompher d'AJAX, d'AJAX il faut la main.
Il dit : & jusqu'alors son corps invulnérable
Résiste, & cede à peine à l'acier redoutable ;
Son bras qui s'affoiblit, tente de l'arracher :
Le flot, qui rejaillit, aide à l'en détacher.
Tout-à-coup, une fleur de pourpre étincelante,
Naît du sein humecté de la terre sanglante ;
Elle offre aux yeux le cri d'Hyacinthe blessé,
Et le chiffre d'AJAX, sur sa feuille tracé.

SOûTIEN-MOI, Dieu des vers, dont l'éloquente
    voix
Fit couronner ULYSSE aux yeux de tant de Rois :
Toi qui, pour triompher du célébre Œacide,
Ranimas le beau feu de l'immortel Ovide ;

De ſes mêmes rayons embraſe mes eſprits :
Que ſa force & ſes traits paſſent dans mes écrits,
L'auguſte rejetton d'une race féconde,
Depuis long-temps, l'amour, & la gloire du
monde,
Daigne prêter l'oreille à mes foibles accens :
QuelPrince des neufs Sœurs mérita mieux l'en-
cens?
C'eſt Mars, qui lui fraya les ſentiers de la guerre,
A côté de Louis, il lança le tonnerre,
Le jour qu'à Fontenoi, ce vainqueur d'Albion,
Enchaînoit à ſon char le Belgique Lion.
Tel le Héros d'Arbelie au printems de ſon âge,
Sous Philippe faiſoit l'eſſai de ſon courage :
Les Muſes qui l'ont vu, dans ce champ ennemi,
Pour un Prince ſi cher, d'épouvante ont fremi :
Et les arts qu'il protege, & que ſon goût dé-
core,
Tremblerent pour des jours brillans dès leur
aurore.
France, d'un Sang ſi beau, tu dois tout eſpérer,
Quel Homére nouveau l'oſera célébrer ?
Si quelque jours mes vers, conſacrés à ſa gloire,
Vainqueurs des tems, ſont lûs au temple de
mémoire :
De l'éclat de ſon nom, les ſiécles éblouis,
Aux traits du ſucceſſeur reconnoîtront Louis.

Mais, d'où luit à nos yeux cette clarté nou-
velle,
Quoi des feux du Lion la Balance étincelle !

Bourbons, elle a pefé vos vertus dans les Cieux.
Naiffez, Royal Enfant, digne préfent des Dieux,
Que l'Hymen, & l'Amour, enchantés de leur
    chaîne,
Donnent enfin aux vœux de l'Elbe, & de la
    Seine :
Venez au fein des Lis, où vous devez regner,
Sous les yeux de Louis, apprendre à gouverner.
Ce Monarque & fon Fils vont devenir vos
    Maîtres ;
Formé fur leur exemple, effacez leurs ancêtres.
Vous devez des Héros à la poftérité :
Vivez, c'eft affurer notre félicité.

FAMÆ DOMUS.

Ovid. Métam. Lib. xii. Fab. II.

Ergo ubi , qua decuit , lenita est cæde Diana,
Et pariter Phœbes , pariter maris ira recessit :
Accipiunt ventos à tergo mille carinæ ,
Multaque perpessæ Phrygia potiuntur arena.
Orbe locus medio est inter terrasque , fretumque,
Cælestesque plagas , triplicis confinia mundi :
Unde quod est usquam , quamvis regionibus
     absit ,
Inspicitur, penetratque cavas vox omnis ad aures.
Fama tenet , summaque domum sibi legit in
     arce ,
Innumerosque aditus , ac mille foramina tectis
Addidit , & nullis inclusit limina portis.
Nocte dieque patet , tota est ex ære sonanti ;
Tota fremit , vocesque refert , iteratque quod
     audit.
Nulla quies intus , nullaque silentia parte :
Nec tamen est clamor , sed parvæ murmura vocis;

DESCRIPTION
DU PALAIS DE LA RENOMMÉE.
Ovid. Métam. Liv. XII. Fable II.

Préfentée à Sa MAJESTE' POLONOISE , Duc de Lorraine & de Bar , à Nancy , le 24. Avril 1751.

A Peine on voit couler le fang du facrifice,
Que Diane s'appaife , & Neptune eſt propice.
Soudain la flotte , ouvrant les humides fillons,
Fait, aux bords Phrygiens , voler fes bataillons.
Il eſt un lieu fameux , vers le centre du monde,
Entre le ciel , la terre , & l'empire de l'onde,
Où chaque évenement de ce vafte Univers,
De l'oreille , & des yeux frappe les fens divers.
Au faîte d'une tour qui fe perd dans les nues ,
Où mille portes vont répondre à mille iſſues.
La Déeffe aux cent voix a fixé fon féjour.
Sans relâche elle y veille , & la nuit , & le jour,
Son Palais eſt d'airain , dont la voute fonnante,
Fait retentir le bruit , le repete , & l'augmente:
Et le fremiffement de fes murs ébranlés ,
A l'aide des échos , rend les fons redoublés.
En ces lieux point de paix , de repos , de filence,
Ce n'eſt pas toutefois de grands cris qu'on y
    lance :
C'eſt un bruit fourd , confus , & tel que quel-
    quefois ,
On l'entend fe former d'un murmure de voix ;

Qualia de pelagi (*si quis procul audiat*) undis
Esse solent ; qualemve sonum, cum Juppiter atras
Increpuit nubes, extrema tonitrua reddunt.
Atria turba tenent; veniunt leve vulgus euntque,
Mistaque cum veris passim commenta vagantur
Millia rumorum, confusaque verba volutant.
E quibus hi vacuas implent sermonibus auras;
Hi narrata ferunt aliis, mensuraque ficti
Crescit, & auditis aliquid novus adjicit auctor.
Illic Credulitas, illic temerarius Error,
Vanaque Lætitia est, consternatique Timores,
Seditioque repens; dubioque auctore Susurri.
Ipsa quid in cœlo rerum, pelagoque geratur,
Et tellure, videt ; totumque inquirit in orbem.

Ainſi lorſque la mer juſqu'aux cieux eſt portée,
Parvient au loin le choc de la vague agitée ;
Ou ſi ſoudain l'orage a crévé dans les airs,
Le tonnerre affoibli meurt avec les éclairs.
La cour de ce Palais ſans relâche obſedée,
Fourmille de l'eſſain dont elle eſt inondée,
Qui de vaines rumeurs compoſant ſes diſcours,
Fait du vrai, joint au faux, un biſarre concours.
Les uns font à ceux-ci des récits peu croyables,
Pour des faits avérés, d'autres donnent leurs
    fables ;
Et leur menſonge orné de cent fauſſes couleurs,
Se groſſit, en marchant, d'une foule d'erreurs.
L'aveugle confiance, & les craintes mortelles,
Sont de ſes volontés les miniſtres fidéles.
L'eſpoir, la fauſſe joie, au rire concerté,
Et le meurtre, levant ſon bras enſanglanté.
La Renommée enfin, d'un œil que tout embraſſe,
De la mer à ſon gré voit & parcourt la face ;
Et portant ſes regards ſur la terre, & les cieux,
Pénétre les ſecrets des hommes, & des Dieux.

DE nos juſtes tranſports aujourd'hui l'in-
    terprète
Enfle de ſons nouveaux l'airain de ta trom-
    pette,
Que le vrai ſeul, enfin, la faſſe réſonner ;
L'Univers va l'entendre, & tu vas l'étonner.
Des faſtes des héros riche dépoſitaire,
Annonce les beaux jours des Etats de Lothai-
    re :

Sous un Sceptre de paix un peuple fortuné,
Qui de gloire, & d'amour, voit fon Roi cou-
    ronné;
Thémis, de l'orphelin, elle-même l'organe,
L'équité triomphant de l'avide chicane.
Vole, annonce les Arts, près du Trône em-
    preffés,
Par le Prince ennoblis, par lui recompenfés :
Ce fanctuaire ouvert à la Littérature,
École des talens, pour la race future !
Son empire en tous lieux, comblé de fes bien-
    faits,
Où les heureux, en nombre, égalent les fujets :
Et fous fes douces Loix, les bords de la Mo-
    felle,
Régis par les vertus d'un autre Marc-Aurelle.

DISPUTE

DESCRIPTION
DU PALAIS
DU SOMMEIL.

H ALCYONE *pro viro fruſtra JUNONI ſupplicat.* Ovid. Metamorph. Lib. XI. Fab. XV.

SOMNI ET SOMNIORUM
DOMUS.

ÆOlis interea tantorum ignara malorum
Dinumerat noctes; & jam , quas induat ille ,
Feſtinat veſtes ; jam quas , ubi venerit ille ,
Ipſe gerat; redituſque ſibi promittit inanes.
Omnibus illa quidem Superis pia thura fere-
    bat ;
Ante tamen cunctos Junonis templa colebat ,
Proque viro , qui nullus erat , veniebat ad aras.
Utque foret ſoſpes conjux ſuus , utque redi-
    ret ,
Optabat , nullamque ſibi præferret : at illi
Hoc de tot votis poterat contingere ſolum.
At Dea non ultra , pro functo morte , ro-
    gari
Suſtinet ; utque manus funeſtas arceat aris ;
Iri , meæ , dixit , fidiſſima nuncia vocis ,
Viſe ſoporiferam Somni velociter aulam ,

ALCYONE fait des Vœux inutiles à JUNON pour le retour de Ceyx son époux. *Ovid. Métam. L.* XI. *Fable* XV.

DESCRIPTION DU PALAIS DU SOMMEIL.

LA fidéle ALCYONE, ignorant son malheur,
N'écoute pour CEYX que les vœux de son cœur.
Son amour ajoûtant à son impatience,
Fait un siécle à ses yeux de chaque instant d'ab-
    sence.
Ses mains de son époux hâtent les vêtemens,
Et de la soye à l'or mêlent les ornemens.
Pour ce retour si cher elle-même se pare,
Tandis qu'un deuil cruel pour son cœur se pré-
    pare.
Le sang coule par tout offert aux immortels,
Et l'encens, de Junon parfume les autels.
Rendez-moi, Dieux puissans, que ma tendresse
    implore,
Constant, sauvé des flots, cet époux que j'adore.
Mais de ces dons qu'au Ciel, tu viens de de-
    mander,
Sa constance est le seul qu'il puisse t'accorder.
CEYX n'est plus. Crois-tu trouver les Dieux
    propices ?
Rend-on la vie aux morts avec des sacrifices ?

Extinctique jube Ceycis imagine mittat
Somnia ad Halcyonen , veros narrantia casus.
Dixerat : induitur velamina mille colorum
Iris , & arquato cælum curvamine signans ,
Tecta petit jussi sub rupe latentia regis.

Est prope Cimmerios longo spelunca recessu ,
Mons cavus , ignavi domus & penetralia
Somni ,
Quò nunquam radiis oriens , mediusve , cadens-
ve ,
Phœbus adire potest : nebulæ caligine mistæ
Exhalantur humo , dubiæque crepuscula lucis.
Non vigil ales ibi cristati cantibus oris
Evocat Auroram , nec voce silentia rumpunt
Sollicitive canes , canibusve sagacior anser :
Non fera, non pecudes , non moti flamine rami,
Humanæve sonum reddunt convicia linguæ.
Muta quies habitat. Saxo tamen exit ab imo
Rivus aquæ Lethes , per quem cum murmure
labens
Invitat somnos crepitantibus unda lapillis.

C'eſt fatiguer le Ciel, & le prier en vain,
Que vouloir rendre nuls les décrets du Deſtin.
Junon appelle Iris: Va d'une aîle legere,
Au palais du Sommeil, celeſte meſſagere,
Dit-elle, de Ceyx annonce-lui la mort;
Et qu'en ſonge Alcyone en apprenne le ſort.
Tout-à-coup s'élançant de la voute azurée,
Iris de traits de feu ſillonne l'empirée;
Et de mille couleurs l'accord harmonieux,
D'un arc étincelant enveloppe les Cieux.

Parmi d'affreux rochers, ſur les bords de
l'Averne,
Eſt le gouffre profond d'une antique caverne,
Où le Dieu du Sommeil, entouré de pavots,
Paroît enſeveli dans les bras du repos.
Jamais l'aſtre brillant qui répand la lumiere,
D'aucun de ſes rayons n'effleura ſa paupiére.
La ſombre obſcurité regne dans ce ſejour,
Et ſeul, dans l'Univers, il eſt privé du jour.
A travers des brouillards, la voute ténébreuſe,
Laiſſe à peine percer une clarté douteuſe;
Dont la pâle lueur que chaque inſtant détruit,
N'eſt que l'avant-coureur des ombres de la nuit.
Cet oiſeau vigilant, dont le chant nous reveille,
De ce Dieu n'a jamais épouvanté l'oreille;
Et le Dogue bruyant qui garde nos Palais,
Des éclats de ſa voix, ne le troubla jamais.
Au fond de ces deſerts, nul être ne reſpire,
Le calme eſt éternel, & le plus doux zephire,

Ante fores antri fœcunda papavera florent,
Innumerœque herbœ, quarum de lacte foporem
Nox legit, & fpargit per opacas humida terras.
Janua ne verfo ftridorem cardine reddat,
Nulla domo tota eft ; cuftos in limine nullus.
At medio torus eft, ebeno fublimis in antro,
Plumeus, unicolor, pullo velamine tectus,
Quo cubat ipfe Deus, membris languore folutis.
Hunc circa paffim, varias imitantia formas,
Somnia vana jacent totidem, quot meffis arif-
  tas,
Sylva gerit frondes, ejectas littus arenas.

FINIS.

D'un soufle n'oseroit agiter ces forêts,
Que le Tems a peuplé de funébres cyprès.
Le silence y préside, & penché sur son urne,
Le Lethé voit couler son onde taciturne,
Qui roulant mollement sur un terrain mousseux,
Assoupit au bruit lent de ses flots paresseux.
Auprès de l'Antre, on voit des pavots innom-
    brables,
Et des plantes comme eux au repos favorables,
Dont la nuit exprimant la vertu dans les airs,
Forme ce doux sommeil, charme de l'univers.
Ce palais escarpé, l'horreur de la Nature,
N'a ni gardes, ni murs, ni portes, ni ferrure;
De crainte que les gonds s'ils venoient à gémir,
En reveillant le Dieu, ne le fissent frémir.
Du plus tendre duvet, au sein de la mollesse,
La volupté forma sa couche enchanteresse;
En foule on voit errer les songes à l'entour:
Ministres assidus de sa paisible cour,
Qui pour plaire à leur Roi, sous d'aimables
    figures,
Font à ses sens trompés, de douces impostures,
Et leur nombre est égal aux feuilles des forêts,
Aux sables du rivage, aux épics de Cerés.

F I N.

Lu & approuvé ce 12. Novembre 1751.   CREBILLON.

Vu l'Approbation. Permis d'imprimer, à la charge d'Enregistrement à la Chambre Syndicale , ce 13. Novembre 1751.   BERRYER.

Regiſtré ſur le livre de la Communauté des Libraires & Imprimeurs de Paris , N°. 3480. conformément aux Réglemens, & notamment à l'Arrêt du Conſeil du 10. Juillet 1745. A Paris le 10. Novembre 1751.

LE GRAS, Syndic.